BUENOS
AIRES
POETRY

PIPPA
PASSES

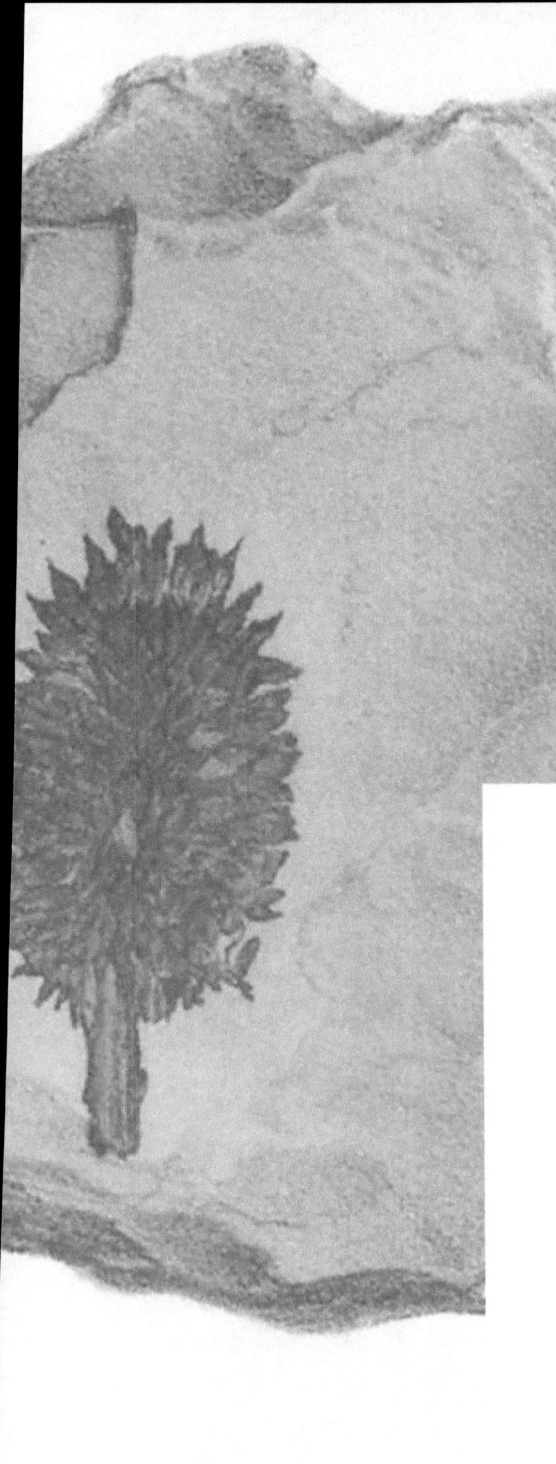

Juan Manuel Díaz

Reflejos del Mundo

Juan Manuel Díaz
Reflejos del Mundo
Buenos Aires Poetry, 2023
60 pp.; 15.24 x 22.86 cm
ISBN 978-987-8470-51-1
Poesía MÉXICO

Editorial ©Buenos Aires Poetry

Colección ©Pippa Passes

Diseño editorial ©Camila Evia

**BUENOS
AIRES
POETRY**

BUENOS AIRES POETRY

editorial@buenosairespoetry.com

www.editorialbuenosairespoetry.com

www.buenosairespoetry.com

Juan Manuel Díaz

Reflejos del Mundo

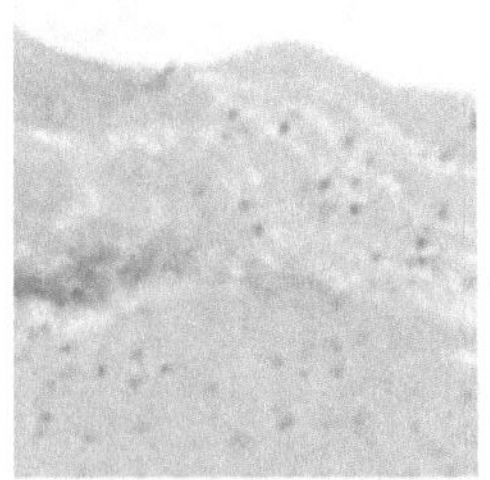

p. 13   Parte I *Ensoñaciones*

p. 15   Primer sueño
p. 16   Segundo sueño
p. 17   Tercer sueño
p. 18   Cuarto
p. 19   Jardín.
p. 20   Ayer.
p. 21   Mandato

p. 23   Parte II *Retratos*

p. 25   Primer retrato: Victoria
p. 26   Segundo retrato: Esperanza.
p. 28   Tercer retrato: Paz
p. 29   Cuarto retrato: Valentía
p. 30   Quinto retrato: Serket
p. 32   Sexto Retrato: Aliona
p. 34   Séptimo retrato: Audacia

p. 37   Parte II *Despertares*

p. 39   Crepúsculo.
p. 40   Huellas
p. 41   Fieras
p. 42   Naturalezas muertas
p. 43   Espectáculo

p. 44   Nocturno

p. 45   Voz

p. 46   Morir a cielo abierto

p. 47   Torres blancas

p. 49   Secretos

p. 50   Arcangelus

p. 51   Orquídea

p. 52   Llanura

p. 53   Parte IV *Tres caminos*

p. 55   Primer Camino

p. 56   Segundo Camino

p. 57   Tercer Camino

p. 59   Sobre el autor

JUAN MANUEL DÍAZ

—

Reflejos del Mundo

Parte I

Ensoñaciones

Primer sueño

Tuve un sueño.
Vi una sonrisa banca.
Cabello negro y enredado.
Brazos delgados y cálidos
Despierto y extraño a alguien.

Segundo sueño

Tuve un sueño.
Frente a una puerta de madera,
hay cristales rotos.
En el jardín enmudecido,
se marchita mi infancia

Tercer sueño

Tuve un sueño.
Aquellos ojos cálidos me miran,
los confundí con hojas cayendo.
Es un otoño ocre en su mirada.

Cuarto sueño

Un sueño atraviesa mis ojos.
El pastizal en verano se extiende,
el cielo se incendia, cae negra lluvia.
El león, de melena ceniza, devora al sol.
Muere el crepúsculo, lloran las estrellas.
Es de noche y me acuesto en el campo,
no quiero despertar.

Jardín.

La hortensia se agita,
interrumpe el rayo del sol.
El suelo se vuelve sombra
recuerdo mi infancia.

Ayer.

El viento mece las jacarandas.
Hay un árbol que extiende sus alas
el cielo se cuela entre ellas.
De lila, sus plumas están manchadas

Mandato

El Rey Amarillo ordena
cortarme el cuello

Del árbol más alto,
el de ramas secas,
el que nunca reverdece,
me cuelgo.

Parte II

Retratos

Primer retrato: Victoria

Uso tus palabras como monturas
y cabalgo en las tierras olvidadas.
Donde alguna vez hubo verde
no quedan más que páramos negros,
quemados por la ira del abandono.

De las estrellas aprendiste a hablar,
un idioma secreto
que brilla solo en la noche.
Gracias al antiguo lenguaje
se libera mi camino

Me invitas a sentarme en la hoguera,
por tus alas comprendo quién eres
trazas una ruta en el mapa.
Aún con la luz de luna,
no la distingo.

"Debo irme, si estoy en tierra, muero",
me dices sin despedirte.

Segundo retrato: Esperanza.

Camino por un laberinto,
no veo el cielo ni el norte.
A tientas mis manos recorren
paredes gastadas.

Por fin la encuentro
dormida en un salón.
Una vela ilumina su rostro
y dibujan lágrimas en su piel.

La unánime caballera,
cae en los hombros.
Se arremolinan hebras gruesas
y se vuelven trampas de sueños y aves.

Se despierta y me mira.
En sus labios
una sonrisa resignada.
De la comisura de sus ojos
cuelga la melancolía.

Me acerco, veo su cuerpo
moreno y delgado.
Tiembla debajo de ropajes

de oro y satín.

Muy grandes para ella

apenas se dibuja su silueta.

Perdido, en medio del laberinto, la encuentro.

Tercer retrato: Paz

Alas en tu espalda,
con plumas decoradas
de arcoíris.
Entrañables palabras
en tus labios.

Irrumpes por la puerta
mujer enfurecida.
Lanzas mis libros
escritos con recuerdos.

Tomas una de tus plumas
las bañas en tinta
y empiezas a escribir.

Cuarto retrato: Valentía

La tarde muere,
y tus pasos atraviesan
jardines eternos
de palabras y memoria.

Entre estatuas sagradas
erigidas a tus olvidos
una cruz se levanta
ante las ruinas de una biblioteca
Descansas
a la sombra de árboles.
Te percatas
de viejas plegarias
escritas en piedra.

Después de atravesar los jardines eternos
encuentras una muralla
Entre sus bloques
cadáveres de peregrinos
sirven de argamasa.

Tu valentía no amaina
y se enfrenta al recuerdo
de santuarios en ruinas.

Quinto retrato: Serket

Diosa de espigada figura,
tu violenta fertilidad
es veneno para los mortales.

Eres aquella que
impide respirar.
Conviertes en una trampa
de arena
al hogar mundano.

Usas máscara de belleza
para devorar almas
perdidas
del desierto.

Escorpión de fuego,
Hija de Ra,
incendias el cielo
y la tierra.

En tus cabellos negros
se confunde la mirada
de quien te sigue.

Estrella de la Mañana,
con ojos de aguijón
espalda danzante
y manos que curan.

Bajo el engaño del deseo
busqué tu sangré dorada.
Me invitaste a beberla
y paralicé mis sueños.

Ahora veo estrellas negras,
con arena de hierro
en mis pulmones
Siento tu aguijón en mi piel
y el tiempo entierra mis sueños.

Sexto Retrato: Aliona

Durante el ocaso entre los Urales
sobre estepas perdidas
nace una niña de cabellos de rojizo oro

Es la hija del Sol
con mirada flamígera
incendia ciudades de mármol y acero

Humanos ciegos por su luz
intentan tocar la piel blanca
hecha de estrellas

Es una musa
cuyas huellas son cenizas
su tacto calienta e incendia memorias

En sánscrito la oración escrita
No te vayas
el fuego incendia y ama
abrasa y abraza
su tacto calienta e incendia memorias

Ella es fuego
fuego animal
fuego devorador
siempre fuego

Elegida por dioses y mortales
es la de Troya
también la de Moscú

Primera Roma
Tercera Roma
Eterna Roma
es el faro en la Torre Roja

Séptimo retrato: Audacia

Encuentro tus huellas ensangrentadas
 e intuyo tu piel partida.
Una espina tu pie perforó
el rastro prolongado en la tierra
me revela tus secretos.

La sangre mezclada con lodo
se detiene ante una bifurcación.
Me desgarro entre
entre paz y valentía,
fuerza y violencia.
Escojo el sendero de espinas.

En los árboles hay jirones de tela y piel,
tu cuerpo se desgarra
acelero mi paso
ahora es mi turno de sentir
el castigo por atravesar el valle sombrío

Por fin te veo,
las ramas y arbustos
te han clavado a un árbol.
En tu espalda veo

la ausencia de quien olvida
la esperanza.

Quiero alcanzarte
pero una lanza de madera
penetra mi costado.
No me puedo mover.

Parte II

Despertares

Crepúsculo.

En pasillos congelados
encuentro la llama viva
de tus ropajes de oro.
Pedazos de guirnaldas
acompañan tus huellas.

En un estanque
flota tu figura
cubierta del velo líquido.

Piel grisácea de tonos nocturnos.
El fuego se apagó
ahora, el sol se oculta.

Huellas

Hay formas dibujadas,
en la pared.
Las sigo con la mirada
creo que es tu rastro
pero nunca te encuentro.

Fieras

Una pantera de azules garras y
un lobo que aúlla de silencios
me acompañan en la vereda.
En una encrucijada en el bosque
nos recibe un murciélago de alas humeantes.
Voltea la cabeza y nos indica el camino.

Naturalezas muertas

42

Veo una nube que parte el cielo
interrumpo la luz que entra por el cristal.
Camino hasta la ventana
la madera truena.

Alrededor de la orquídea
el polvo flota
ella agacha sus pétalos
y la pequeña mesa moribunda
desconecta la lámpara.
La taza sucia
permanece quieta.

Espectáculo

En el escenario
hay una muerte alumbrada
los reflectores anuncian un silencio.
 Un actor se entierra un cuchillo,
extrae su corazón
El público ruge
exuda violencia

Nocturno

El prado alumbrado
por luz de luna.
Vuela el murciélago.

En la colina baja
corre el viento.
El pastizal es azul.

Voz

La palabra nace de tus labios
muere en el viento
cae su cadáver en mis oídos

Morir a cielo abierto

46

Al fin despierto
recostado veo el cielo
no tengo a quien me entierre,
cierro el ataúd.

Torres blancas

El castillo enfermizo
vigila el valle del sol.
Las torres blancas
extrañan a los visitantes.

El día muere en la llanura
abajo, los caminos son serpientes
marcadas por ruidosas huellas.
Son los viajeros que abandonan ropas y baúles
y su sangre alimenta al suelo.

En el horizonte
las cupulas y torres se empiezan a desdibujar,
la oscuridad naciente las devora
y los últimos haces de luz reptan por las montañas.

Los peregrinos piden ayuda al castillo
sus portales siguen cerrados.
Tocan sus murallas
las cubren de sangre
y la fortaleza sigue muda.

Castillo de tranquila furia,
ya no dejas hacer caminos,
te contentas con torres
de perla muerta.

Secretos

En tu brazo repta la serpiente
te estrecha y susurra una historia.
Es el cuento de este mundo,
el que ahora florece de muerte.

La serpiente recita secretos en tu oído
en escondido lenguaje
aprendes a rimar.
Los versos escuchados
no te dejan dormir.

En una fría mañana
de bruma
aprendiste que la poseía se pronuncia
con la lengua muerta
esa que idioma del destino.

Arcangelus

Recostada en tu lecho

tus alas se pudren.

Las plumas caen al suelo.

En su lugar,

nacen escamas,

decididas a conquistar

el Cielo.

Orquídea

Una orquídea arrancada
de la tierra
colocada en un florero
con agua y tinta.
Sus pétalos se tiñen de negro
con bordes carmesí.
Baila y se entristece
con el viento solitario de la ventana.

Al caer los pétalos
pierde su inocencia
y en su tallo crecen
espinas violetas.

Su botón permanece
lleno de fuerza.
Un ojo se abre
y un iris rubí observa el cielo.

Llanura

52

En una llanura en el cielo
con pastos azules y nubes negras
caballos muertos dejan sus huellas

Sus jinetes sin piel
Se aferran a las riendas y
los azotan cuando escuchan
a la presa.

Primero salen los perros
aullando a la luna
y luego vienen los cascos con truenos
que anuncian la tormenta.

Persiguen a los muertos
que no quieren ser condenados
Los vivos temen que bajen del cielo
y decidan cazarlos.

Parte IV

Tres caminos

°Primer Camino

El camino se retuerce en mis labios
se agrieta
mi piel de color tierra

La luna con marcas de llanto
se traga mi aliento

Boca arriba sobre el suelo
veo el cielo incendiado
con azul fuego

Al fin lloro
y cierro los ojos

Segundo Camino

Dejo atrás el bosque sediento

Frente a mí
el mar

Las olas lamen mis sueños ancianos
el viento se llevan las huellas
de mi rastro

Tercer Camino

El verano es la estación más violenta

el sudor marca sus veredas

en mi piel

El sol devora el pasado

cicatrizado en mi espalda

ni la hierva

con sus finos hilos de oro

pueden suturar la grácil herida

dejada por el viento

En sollozos

muero

Recuerdo

el camino en verano

estoy sediento

el polvo cubre mi voz

Olvido la vereda andada

y el olmo viejo se vuelve estrellas

Juan Manuel Díaz de la Torre nació en la Ciudad de México el 11 de octubre de 1985. Es profesor e investigador en la Universidad Autónoma del Estado de México y docente de cátedra de la Universidad Nacional Autónoma de México. Su obra consiste en novela, cuento, poesía y microficción. Fue ganador del concurso de ensayo de la Latin American Heritage Foundation 2011 con el ensayo *La tiranía de la razón*, el cual fue parte del libro *La guerra cultural y los servicios secretos*. Recientemente participó en *Boundles 2022*, antología del Festival Internacional de Poesía del Valle de Rio Grande y publica su más reciente novela *Lugares inhóspitos* en la revista Anapoyesis. Además, pronto se publicará su más reciente colección de relatos breves titulada *Viñetas del Cielo*. Ha participado en revistas literarias como Pre-Textos Literarios, Retazos Literarios, La Colmena, Morbífica, El Tlacuache, El Zorro Lector y en la última antología de microficción de la revista Penumbria, donde también colabora con la columna *Espejo de Obsidiana*. Regularmente escribe sobre cine, series, arte y cultura en La Izquierda Diario y en la publicación digital Intervención y Coyuntura

Febrero 2023
Impreso en Buenos Aires,
Buenos Aires Poetry
www.editorialbuenosairespoetry.com

9 789878 470511